Male für jede Seite, die du bearbeitet hast, einen Stern aus.

Viel Freude!

Dieses Sternchenheft gehört:

… und so sehe ich aus!

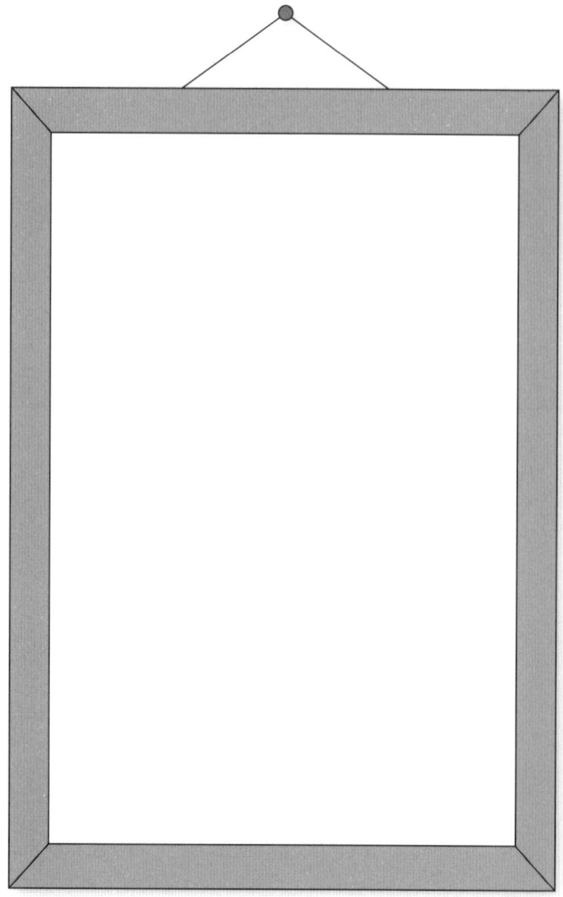

Vorname ______________________

Nachname ______________________

Straße ______________________

Hausnummer __________

Stadt ______________________

Geburtstag ______________________

Ich bin ____________ Jahre alt.

Meine Schule heißt ______________________________________ .

Mein(e) Klassenlehrer(in) heißt ______________________________ .

Mein(e) Schulleiter(in) heißt ________________________________ .

Wir sind ____________ Kinder in der Klasse .

Meine Hobbys sind ______________________________________ .

Datum ______________________________

**Merke!**

# d oder t

Wenn du nicht weißt, wie ein Wort am Ende geschrieben wird, ob mit »d« oder mit »t«, so bilde die Mehrzahl – dann hörst du es!

## Schreibe den richtigen Buchstaben in den Kreis und bilde die Mehrzahl!

 der Hun(d)  viele Hunde

 das Kin(d)  viele Kinder

 das Zel(t)  viele Zelte

 das Ra(d)  viele Reder

 der Elefan(t)  viele Elefanten

 der Hu(t) 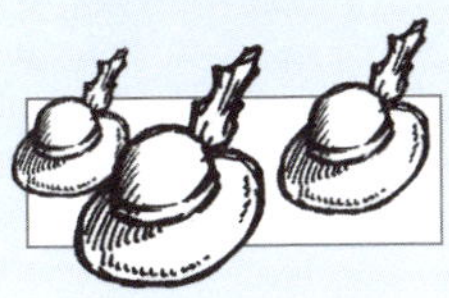 viele Hüte

 das Hef(t)  viele Hefte

 das Bil(d)  viele Bilder

 der Mon(d) 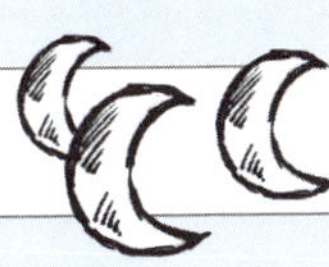 viele Monde

## Schreibe den richtigen Buchstaben in den Kreis und bilde die Mehrzahl!

| | | | |
|---|---|---|---|
|  | die Han(d) |  | viele Hände |
|  | das Bla(t)(t) | 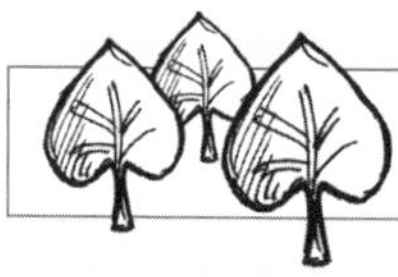 | viele Blätter |
|  | das Lich(t) |  | viele Lichter |
|  | die Wel(t) |  | viele Welten |
|  | das Schil(d) | 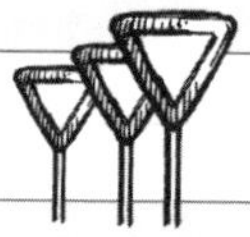 | viele Schilder |
|  | das Nes(t) |  | viele Nester |
|  | das Rin(d) |  | viele Rind |
|  | der Bar(t) |  | viele Bärte |
|  | das Boo(t) |  | viele Boote |

Zähle leise bis fünfzig! ☒

## Schreibe den richtigen Buchstaben in den Kreis und bilde die Mehrzahl!

| | | | |
|---|---|---|---|
|  | der Wal(d) |  | viele Wälder |
| 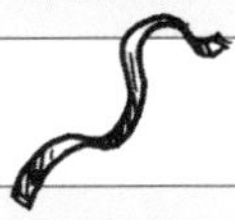 | das Ban(d) |  | viele Bänder |
|  | der Mun(d) | 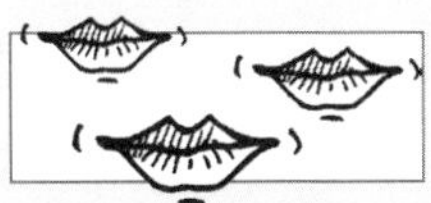 | viele Münder |
| 8 | die Ach(t) | 888 | viele Achten |
|  | das Lan(d) |  | viele Länder |
|  | das Be(t)(t) |  | viele Betten |
|  | das Bro(t) | 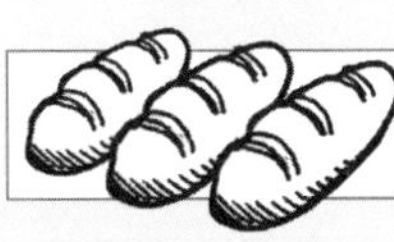 | viele ~~Brotte~~ Brote |
|  | das Lie(d) |  | viele Lieder |
|  | der As(t) |  | viele Äste |

Schreibe deinen Namen rückwärts! ☒

Elen

**Merke!**

Manchmal ist es schwierig, die Mehrzahl zu finden. Dann kannst du auch ein verwandtes Wort suchen!

| Wort | | verwandtes Wort |
|---|---|---|
| der Mu(t) | → | mu(t)ig |
| der San( ) | → | s |
| der Win( ) | → | w |
| die Luf( ) | → | l |
| die Fruch( ) | → | f |
| das Blu( ) | → | b |

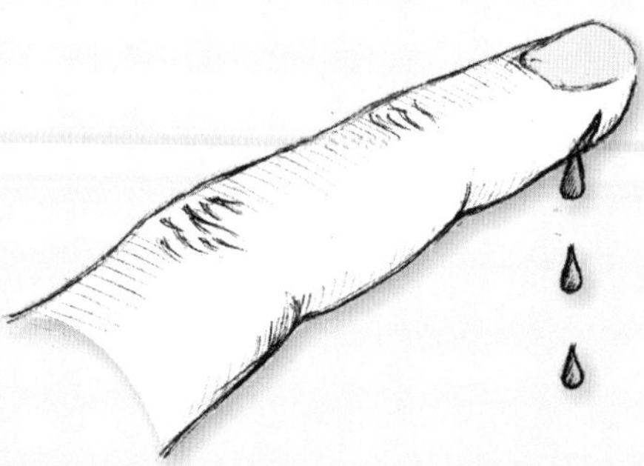

Hast du dir schon einmal in den Finger geschnitten? ja ☐ nein ☐

kal(t) — Ich habe kal(t)e Hände.

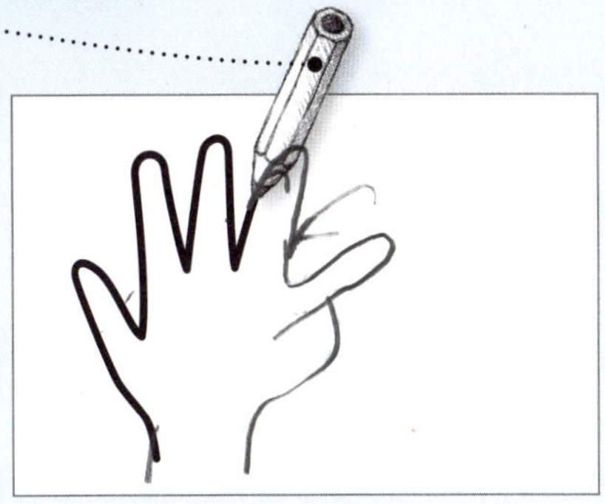

run(d) — Der run(d)e Ball

bun( ) — Die bun( )en Blätter

al( ) — Das al( )e Bild

wun( ) — Am Knie habe ich eine Wun( )e.

Schul( ) — Ich bin nicht schul( )ig.

lau( ) — Ich kann lau( )er schreien als du.

Zei( ) — Ich war zei( )ig zu Hause.

Lege einen Bleistift unter den 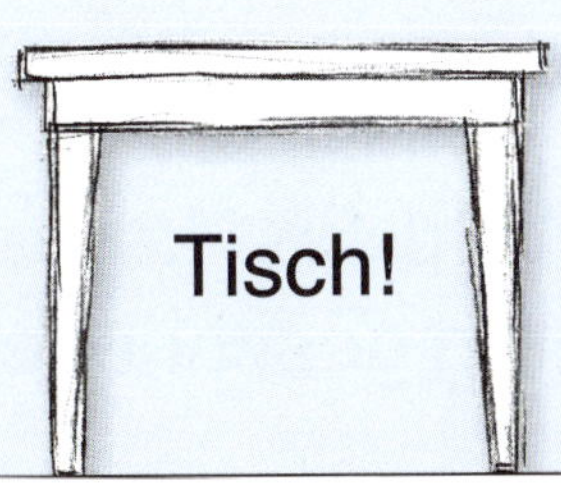 Tisch! ☐

Schreibe jeden Satz noch einmal darunter!

Ich gehe mit dem Hun(d) spazieren.

Ich gehe mit dem Hund spazieren.

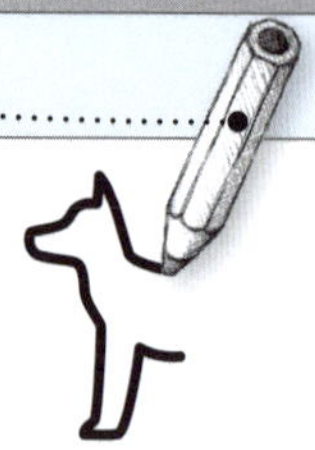

Ich bin das Kin◯ meiner Eltern.

Beim Bäcker kaufe ich ein Bro◯.

Der Mon◯ scheint in der Nach◯.

Ich bekomme ein neues Fahrra◯.

Meine Oma trägt einen Hu◯.

Das Pake◯ wird verschickt.

Ich gebe meiner Lehrerin die Han◯.

Im Wal◯ sind keine Räuber.

Kennst du das Buch »Im Wald sind keine Räuber«? ja ☐ nein ☐
Es wurde von Astrid Lindgren geschrieben.

Schreibe jeden Satz noch einmal darunter!

Ich baue im Garten das Zel(t) auf.

Ich baue im Garten das Zelt auf.

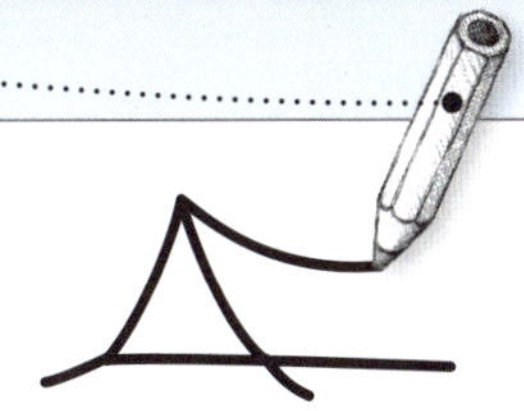

Aben◯s mache ich das Lich◯ an.

Ein Kin◯ kommt auf die Wel◯.

Ich schreibe ein Wor◯ in mein Hef◯.

Ein Elefan◯ hat eine dicke Hau◯.

Am Meer spiele ich gern im San◯.

Am Meer gibt es Ebbe und Flu◯.

Aus einer Wunde kommt Blu◯.

Wenn mich jemand ärgert, habe ich Wu◯.

Bist du oft wütend? ja ☐ nein ☐

## Schreibe jeden Satz noch einmal darunter!

Im Wohnzimmer hängt ein Bil(d).

Im Wohnzimmer hängt ein Bild.

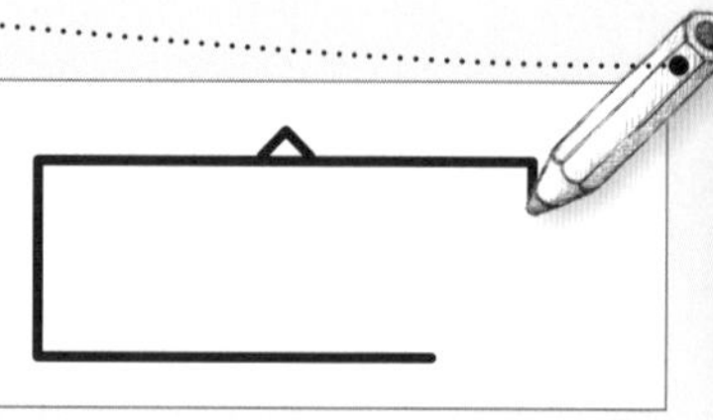

Ich finde ein grünes Bla◯◯.

Im Baum baut die Amsel ihr Nes◯.

Im Herbst weht der Win◯.

Ich habe einen guten Freun◯.

Mein(e) Freund(in) heißt : ____________________ .

Im Sommer feiere ich ein großes Fes◯.

Mein Drachen fliegt hoch in der Luf◯.

Ich putze mir die Zähne im Ba◯.

Wie lange putzt du dir deine Zähne?

1 Minute ☐ 2 Minuten ☐ 3 Minuten ☐

**Schreibe jeden Satz noch einmal darunter!**

Am As(t) hängt ein langes Seil.

Am Ast hängt ein langes Seil.

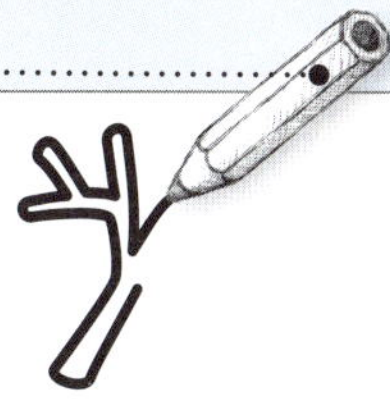

Das Rin( ) steht auf der Weide.

Vorn an der Straße steht ein Schil( ).

Ich kaufe Möhren am Gemüsestan( ).

Ich lebe in Deutschlan( ).

Ich summe ein schönes Lie( ).

Mein Geburtstag ist im Mona( ): ______________ .

Der Bar( ) meines Vaters kratzt.

Im Boo( ) trage ich eine Schwimmweste.

Kannst du schon schwimmen? ja ☐ nein ☐

Merke!

# g oder k

Wenn du nicht weißt, wie ein Wort am Ende geschrieben wird, ob mit »g« oder mit »k«, so bilde die Mehrzahl – dann hörst du es!

**Schreibe den richtigen Buchstaben in den Kreis und bilde die Mehrzahl!**

| | | | |
|---|---|---|---|
|  | der Zwer(g) |  | viele Zwerge |
|  | der Zu( ) | 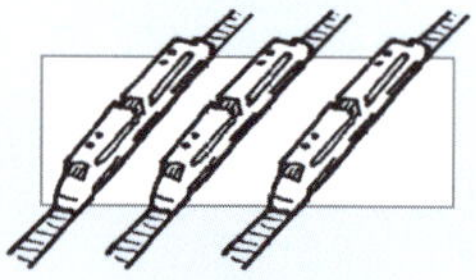 | viele Zü |
|  | der Käfi( ) |  | viele |
| 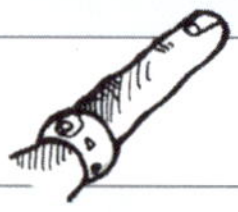 | der Rin( ) | 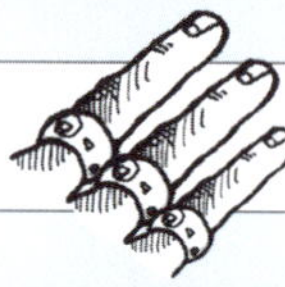 | viele |
|  | die Zeitun( ) |  | viele |
|  | die Fabri( ) |  | viele |
|  | das Vol( ) |  | viele Völker |
|  | der Ta( ) |  | viele |
|  | die Bur( ) |  | viele |

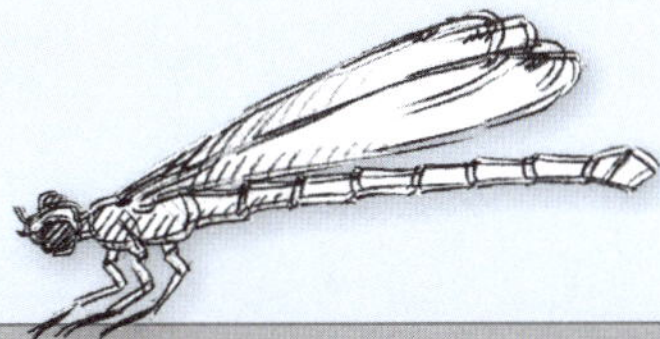

**Schreibe den richtigen Buchstaben in den Kreis und bilde die Mehrzahl!**

 der Schran(k)  viele Schrän

 der Köni◯  viele

 die Ban◯  viele

 der Sar◯ 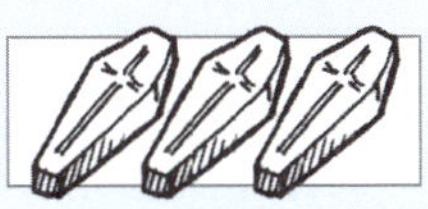 viele Särge

 der Ber◯  viele

 der Kru◯  viele

 der Klan◯  viele Klänge

 der Zwei◯ 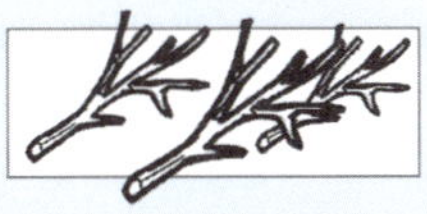 viele

Massiere nun sanft deinen Kopf! ☐

**Merke!**

Manchmal ist es schwierig, die Mehrzahl zu finden. Dann kannst du auch ein verwandtes Wort suchen!

| Wort | | verwandtes Wort |
|---|---|---|
| lusti(g) | → | lusti(g)er |
| stren( ) | → | stren( )er |
| billi( ) | → | billi( )er |
| klu( ) | → | klü( )er |
| jun( ) | → | jün( )er |
| drecki( ) | → | drecki( )er |
| lan( ) | → | län( )er |
| die Musi( ) | → | die Musi( )er |

Kannst du schon ein Musikinstrument spielen? ja ☐ nein ☐

| Wort | | verwandtes Wort |
| --- | --- | --- |
| flie(g)t | → | flie(g)en |
| bie( )t | → | bie( )en |
| le( )t | → | le( )en |
| schlä( )t | → | schla( )en |
| pfle( )t | → | pfle( )en |
| sa( )t | → | sa( )en |
| lie( )t | → | lie( )en |
| sie( )t | → | sie( )en |
| na( )t | → | na( )en |

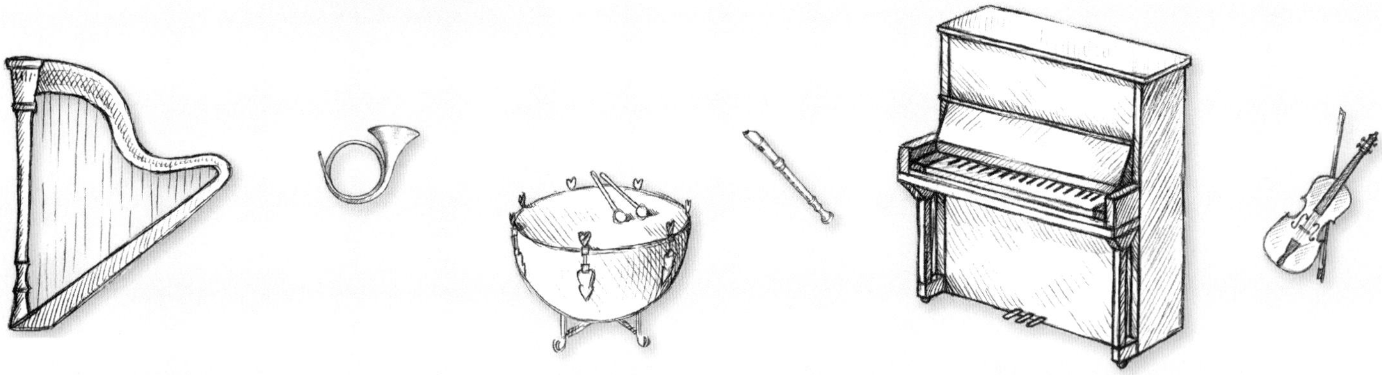

| | |
|---|---|
| Musi(k) | Musi(k)er spielen im Orchester. |
| klu◯ | Ich bin klü◯er als andere Kinder. |
| jun◯ | Ich bin jün◯er als mein Vater. |
| kran◯ | Der kran◯e Junge. |
| flie◯t | Wir flie◯en nach Amerika. |
| bie◯t | Die Autos bie◯en um die Ecke. |
| le◯t | Ich le◯e das Buch auf den Tisch. |
| schlä◯t | Ich schla◯e die Tür zu. |
| pfle◯t | Ich pfle◯e meine Zähne. |
| sa◯t | Ich sa◯e die Wahrheit. |

Halte einen Bleistift hoch! ☐

**Schreibe jeden Satz noch einmal darunter!**

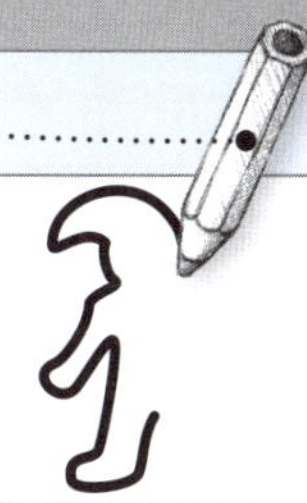

Im Garten steht ein Gartenzwer(g).

Im Garten steht ein Gartenzwerg.

Cola wird in einer Fabri○ hergestellt.

Der Zu○ fährt auf Schienen.

Der Wellensittich zwitschert im Käfi○.

Papa holt jeden Morgen die Zeitun○.

Der Rin○ an meinem Finger ist schön.

Ich setze mich auf eine Ban○.

Ich weiß schon viel. Ich bin sehr klu○.

Im Radio höre ich Musi○.

Hörst du gern Musik? ja ☐ nein ☐

Merke!

# b oder p

Wenn du nicht weißt, wie ein Wort am Ende geschrieben wird, ob mit »b« oder mit »p«, so bilde die Mehrzahl oder suche ein verwandtes Wort – dann hörst du es!

**Schreibe den richtigen Buchstaben in den Kreis und bilde die Mehrzahl!**

 der Kor (b)  viele Kör (b) e

 das Kal ( )  viele Käl ( ) er

 das Sie ( )  den Sand sie ( ) en

 gel ( )  gel ( ) e Zitronen

 der Lai ( )  viele Lai (b) e Brot

 der Lei ( )  viele Lei (b) er

 lie ( )  die Mama lie ( ) en

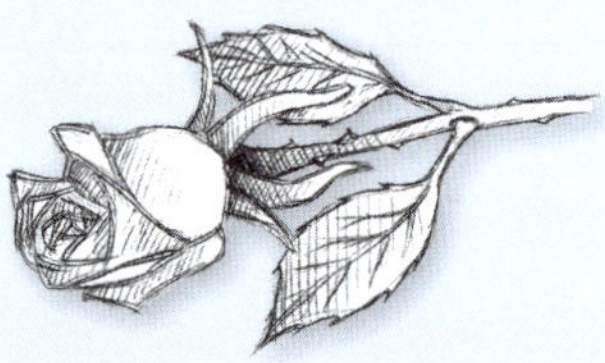

Wen hast du lieb? ______________________________

Schreibe jeden Satz noch einmal darunter!

Das Kind der Kuh heißt Kal(b).

Das Kind der Kuh heißt Kalb.

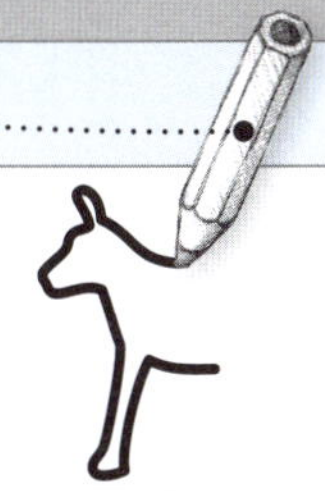

Der Hund liegt in seinem Kör◯chen.

Ein anderes Wort für Brot ist Lai◯.

Ein anderes Wort für Bauch ist Lei◯.

Ich habe meine Mama lie◯.

Tomaten wachsen an einem Sta◯.

Ich wische den Stau◯ vom Tisch.

Mit einem Sie◯ kann ich Nudeln abgießen.

Die Banane ist gel◯.

Was ist noch gelb? Tomate ☐ Möhre ☐ Zitrone ☐

Lies nun die Geschichte und überlege genau, ob du »d« oder »t«, »g« oder »k« oder ob du »p« oder »b« einsetzen musst!

Der Hu◯(d / t)

Es lebte vor langer Zei◯(d / t) ein kleiner grauer
Elefan◯(d / t). Er tru◯(g / k) jeden Ta◯(g / k) einen
Hu◯(d / t) auf dem Kopf, den er sehr lie◯(b / p) hatte.
Eines Tages flo◯(g / k) der Hu◯(d / t) davon, weil
der Win◯(d / t) so star◯(g / k) blies.
Sein Freun◯(d / t), der kleine Zwer◯(g / k), half dem
Elefanten, seinen Hu◯(d / t) zu suchen. Nach einem
Mona◯(d / t) fanden sie den Hu◯(d / t). Er la◯(g / k)
auf einem As◯(d / t). Es lagen Eier darin. Ein Vogel
nutzte ihn als Nes◯(d / t).

Male das passende Bild dazu!

Merke!

# aus a wird ä

Ein Wort wird mit »Ä« / »ä« geschrieben, wenn es zu einem »A«-/ »a«-Wort gehört!

 der Ast  viele Äste

Ein Baum hat viele ◯ste.

 der B◯ll  viele B◯lle

Wir pumpen unsere Fußb◯lle auf.

 die G◯ns  viele G◯nse

Die Wildg◯nse ziehen in den Süden.

 der K◯mm 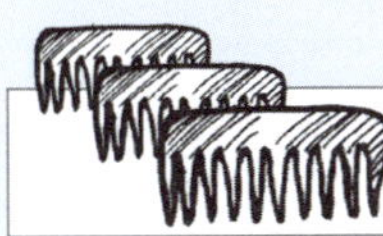 viele K◯mme

Ich k◯mme die Haare mit einem K _ mm.

 der ◯pfel  viele ◯pfel

Ich sammle die ◯pfel in einen Korb.

Nun male alle Bilder bunt! ☐

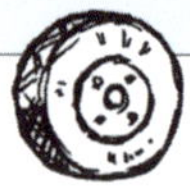 das Rad  viele Räder

Ein Auto hat vier R◯der.

 der M◯nn 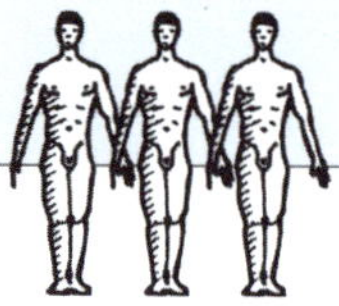 viele M◯nner

M◯nner sind oft groß und stark.

 das B◯nd  viele B◯nder

An meinem Schuh sind Schnürb◯nder.

 der B◯rt  viele B◯rte

Die Mehrzahl von Bart ist B◯rte.

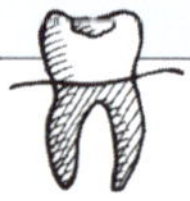 der Z◯hn 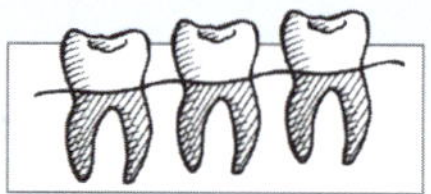 viele Z◯hne

Ich putze mir zweimal täglich die Z◯hne.

 das L◯mm  viele L◯mmer

Die Kinder von Schafen heißen L◯mmer.

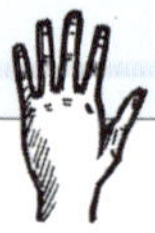 die H◯nd 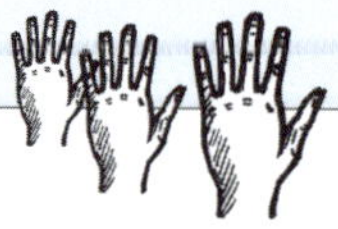 viele H◯nde

Ich freue mich und klatsche in die H◯nde.

Nun male alle Bilder bunt! ☐

Ein kleiner Wald ist ein Wäldchen.

der Wald → das Wäldchen

Ein kleiner Tanz ist ein ____________________.

der → das

Ein kleines Glas ist ein ____________________.

das → das

Ein kleiner Schwanz ist ein ____________________.

der → das

Ein kleines Blatt ist ein ____________________.

das → das

Ein kleiner Haken ist ein ____________________.

der → das

Ein kleiner Schrank ist ein ____________________.

der → das

Eine kleine Hand ist ein ____________________.

die → das

Ein kleiner Hase ist ein ____________________.

der → das

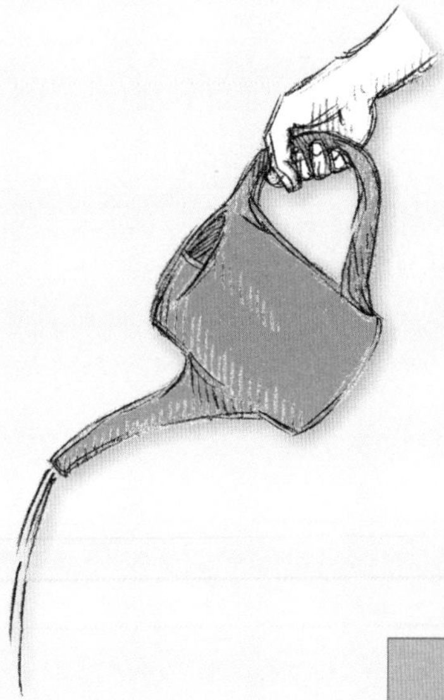

| Wort | verwandtes Wort |
| --- | --- |
| Kälte | hart |
| Stärke | warm |
| Schärfe | scharf |
| Wärme | stark |
| Härte | kalt |
| ängstlich | Angst |

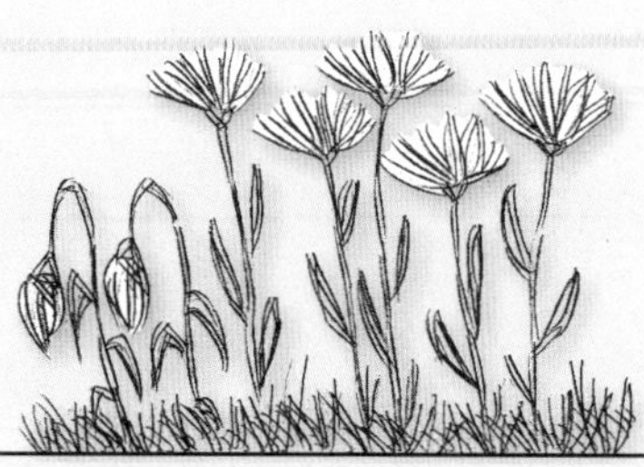

Nun recke und strecke dich, aber leise! ☐

**Merke!**

# aus au wird äu

Ein Wort wird mit »Äu« / »äu« geschrieben, wenn es zu einem »Au«-/ »au«-Wort gehört!

**Schreibe die richtigen Buchstaben in den Kreis und bilde die Mehrzahl!**

 die M(au)s  viele Mäuse

 die L( )s 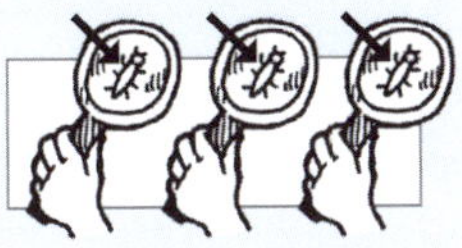 viele L( )se

 das H( )s  viele H( )ser

 der Tr( )m  viele

 der R( )m 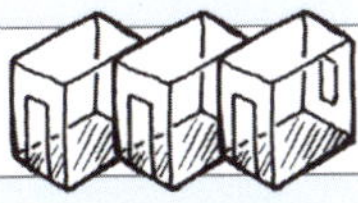 viele

 der Z( )n 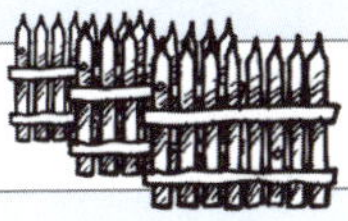 viele

 der B( )ch  viele

 das Kr( )t  viele

 der Schl( )ch  viele

| Wort | verwandtes Wort |
|---|---|
| laufen | Räuber |
| Frau | träumen |
| Traum | Fräulein |
| rauben | Läufer |
| sauer | Käufer |
| Raum | aufräumen |
| kaufen | säuerlich |

Atme fünfmal tief ein und aus! ☐

| Wort | | verwandtes Wort |
|---|---|---|
| Räuber | kommt von | rauben |
| Läufer | kommt von | |
| Fräulein | kommt von | |
| säuerlich | kommt von | |
| träumen | kommt von | |
| Käufer | kommt von | |
| aufräumen | kommt von | |

Lege den Kopf auf den Tisch und schließe die Augen! ☐

**Merke!**

Zu den unten stehenden Wörtern gibt es kein verwandtes Wort. Du musst sie mit »Eu/eu« schreiben!

# Eu

## Kreise bei jedem Wort »Eu/eu« ein!

❶ Feuer ❷ Euter ❸ Teufel ❹ Kreuz ❺ Abenteuer ❻ Freund

❼ Ungeheuer ❽ Beutel ❾ Europa ❿ Scheune ⓫ Steuerrad

⓬ Eule ⓭ Leute ⓮ Beule ⓯ Euro ⓰ Keule ⓱ Zeuge ⓲ Heu

## Schreibe nun die Wörter der Reihe nach mit ihrem Artikel auf und male die Bilder bunt!

1  das Feuer

2  das

3 

4 

5 

6 

7 

8 

9 

10 

11 

12 

13 

14 

15 

16 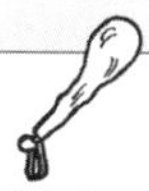

17 

18 

Finde passende Wörter mit »eu«! Die Tabelle hilft dir dabei!

| | | |
|---|---|---|
| Neun | Heute | neu |
| teuer | heulen | Zeuge |
| ~~leuchten~~ | | beuge |

Die Sterne am Himmel leuchten.

Das Gegenteil von alt ist __________ .

In der Nacht ______________ die Wölfe.

Ich habe einen Unfall gesehen.

Ich bin der ______________ .

Das Gegenteil von billig ist ______________ .

Der Vorgänger der Zahl Zehn ist die ___________ .

____________ ist ein schöner Tag.

Ich ____________ mich nach unten.

Beuge dich nach unten und berühre die Zehenspitzen! ☐

## Merke!

Diese Wörter werden mit »V« am Wortanfang geschrieben!

## Kreise bei jedem Wort »V« ein!

❶ Vogel ❷ Ventil ❸ Vagabund ❹ Verband ❺ Volleyball

❻ Vulkan ❼ Vase ❽ Violine ❾ Volk ❿ Vieh ⓫ Vier ⓬ Villa

⓭ Verbot ⓮ Versteck ⓯ Vater ⓰ Vampir ⓱ Verstand

⓲ Veilchen

## Schreibe nun die Wörter der Reihe nach mit ihrem Artikel auf und male die Bilder bunt!

1  der Vogel

2  das

3 

4 

5 

6 

7 

8 

9 

10 

11 

12 

13 

14 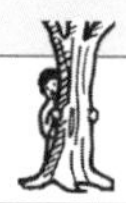

15 

16 

17 

18 

Finde passende Wörter mit »V«! Die Tabelle hilft dir dabei!

| | | |
|---|---|---|
| Verbrecher | Vanille | Venus |
| ~~Vitamine~~ | Veranda | Vetter |
| | Erde | |

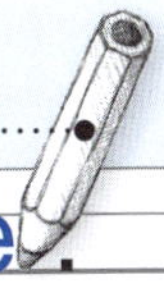

In Obst stecken viele Vitamine.

Eine Eissorte: ________________

Im Weltraum gibt es acht Planeten.

Sie heißen: Merkur, Venus, Erde, Mars,

Jupiter, Saturn, Uranus und Neptun.

Auf welchem Planet lebst du? ____________

Schreibe den Planet auf, der mit V beginnt!

______________

Einen Räuber nennt man auch: ________________.

Ein anderes Wort für Cousin ist __________.

An einem Haus befindet sich manchmal eine

Terrasse oder eine ________________.

**Merke!**

Auch diese Wörter werden mit »v« am Wortanfang geschrieben!

voll vor viel vielleicht vom von vorn

vorsichtig viertel violett völlig

Finde passende Wörter mit »v«! Die Tabelle hilft dir dabei!

| | | |
|---|---|---|
| vielleicht | vorn | von |
| vor | vom | ~~voll~~ |

Die Flasche ist voll.

Ich stehe __________ der Haustür.

Im Auto darf ich noch nicht __________ sitzen.

Das Geschenk ist __________ meiner Oma.

Im Sommer fahre ich __________ nach Italien.

Ich hole ein Brot __________ Bäcker.

Zähle die Stifte in deiner Federtasche! Es sind ☐ Stifte.

Finde passende Wörter mit »V«! Die Tabelle hilft dir dabei!

| | | |
|---|---|---|
| Vampir | Violine | Vulkan |
| Vetter | Vase | Vieh |
| ~~Vater~~ | Villa | Vitamine |

Mein Papa ist mein Vater.

Ein anderes Wort für Geige ist ______________ .

Mein Cousin ist mein ______________ .

Das __________ frisst Gras auf der Weide.

Blumen stelle ich in eine ____________ .

Ein ____________ saugt Blut.

Dieser Berg speit Feuer: ________________ .

Obst und Gemüse haben viele __________________ .

Eine __________ ist ein großes Wohnhaus.

Stehe auf und gehe zweimal um deinen Stuhl! ☐

**Merke!**

Diese Wörter schreibt man im Wort oder am Wortende mit »v« !

## Kreise bei jedem Wort »v« ein!

1 Lokomotive 2 Pulver 3 Klavier 4 Kurve 5 Detektiv
6 Sklave 7 Pullover 8 Konserve 9 Ravioli 10 Serviette
11 Karneval 12 November 13 Lava

## Schreibe nun die Wörter der Reihe nach mit ihrem Artikel auf und male die Bilder bunt!

1  die Lokomotive

2 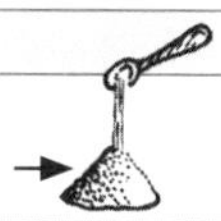 das

3 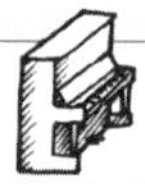

4 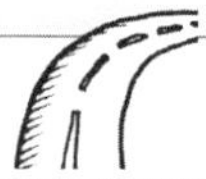

5 

6 

7 

8 

9 

10 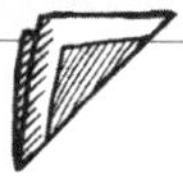

11 

12 

13 

Die Lava aus einem Vulkan ist: heiß ☐ kalt ☐

**Merke!**

Diese Wörter werden im Wort oder am Wortende mit »v« geschrieben!

brav bevor privat aktiv positiv negativ oval

**Finde passende Wörter mit »v«! Die Tabelle hilft dir dabei!**

| | | |
|---|---|---|
| positiv | Bevor | aktiv |
| privat | ~~brav~~ | oval |

Ich lobe meinen Hund, wenn er brav ist.

__________ ich esse, wasche ich mir die Hände.

Das Gegenteil von beruflich ist __________ .

Ich treibe viel Sport. Ich bin sehr __________ .

Das Gegenteil von negativ ist __________ .

Die Runde in einem Stadion ist __________ .

Probier mal!
Wie viele Wörter kannst du auswendig aufsagen, die mit »V« oder »v« geschrieben werden?

**Merke!**

Die Vorsilben »ver-« und »vor-« werden fast immer mit »v« geschrieben!

| Wort | | verwandtes Wort |
|---|---|---|
| kaufen | → | verkaufen |
| laufen | → | |
| sprechen | → | |
| lassen | → | |
| bringen | → | |
| stehen | → | |
| sammeln | → | |
| sagen | → | |
| beugen | → | |

Schreibe die Wörter mit der Vorsilbe »Vor-« auf!

Vor

| | | |
|---|---|---|
| garten | → | der Vorgarten |
| bild | → | das |
| fahrt | → | die |
| stand | → | der |
| lauf | → | der |
| trag | → | der |
| silbe | → | die |
| bereitung | → | die |
| strafe | → | die |

Schreibe auswendig so viele Wörter wie möglich mit »V« und »v« auf, wie du kannst! Male dazu bunt!

Vulkan

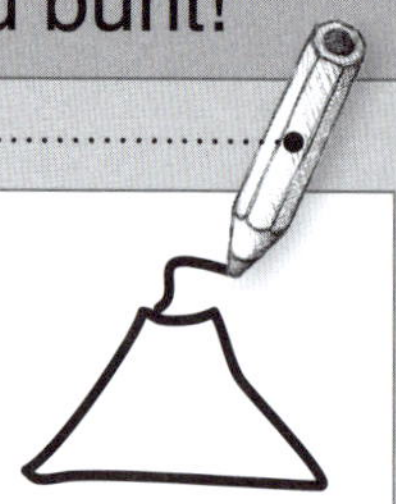

Ich habe ☐ Wörter mit »V« und »v« gefunden.

## Merke!

Diese Wörter werden mit »Pf« am Wortanfang geschrieben!

# Pf

### Kreise bei jedem Wort »Pf« ein!

1 Pfanne 2 Pflaume 3 Pfeife 4 Pfeil 5 Pfote 6 Pferd

7 Pfad 8 Pfau 9 Pfeffer 10 Pflanze 11 Pflug 12 Pfund

13 Pflaster 14 Pfirsich 15 Pfiff 16 Pfütze 17 Pfarrer 18 Pforte

### Schreibe nun die Wörter der Reihe nach mit ihrem Artikel auf und male die Bilder bunt!

1  die Pfanne

2  die

3 

4 

5 

6 

7 

8 

9 

10 

11 

12 

13 

14 

15 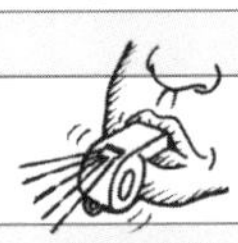

16 

17 

18 

**Merke!**

Diese Wörter schreibt man im Wort oder am Wortende mit »pf« !

**Kreise bei jedem Wort »pf« ein!**

❶ Tropfen ❷ Apfel ❸ Zipfelmütze ❹ Karpfen ❺ Zopf
❻ Dampfer ❼ Schnupfen ❽ Topf ❾ Kopf ❿ Strumpf
⓫ Dampf ⓬ Futternapf

**Schreibe nun die Wörter der Reihe nach mit ihrem Artikel auf und male die Bilder bunt!**

| | | | | | |
|---|---|---|---|---|---|
| 1 |  | der Tropfen | 7 |  | |
| 2 |  | der | 8 |  | |
| 3 |  | | 9 |  | |
| 4 |  | | 10 | 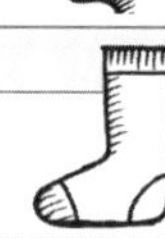 | |
| 5 |  | | 11 | 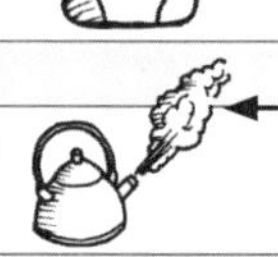 | |
| 6 |  | | 12 |  | |

Wusstest du, dass der Pfau ein Rad schlagen kann?

ja ☐ nein ☐

Kannst du auch ein Rad schlagen?

ja ☐ nein ☐

**Merke!**

Diese Verben werden im Wort und am Wortanfang mit »pf« geschrieben!

pflücken tropfen zupfen stopfen pflegen
tupfen hüpfen klopfen rupfen knüpfen
schimpfen schlüpfen

Viele der Wörter oben reimen sich. Trage sie in die Tabelle ein!

| | | |
|---|---|---|
| klopfen | hüpfen | zupfen |
| ↓ | ↓ | ↓ |
| tr | schl | r |
| ↓ | ↓ | ↓ |
| st | kn | t |

Male ein rotes Herz!
Schreibe den Namen der Person hinein, die du lieb hast.

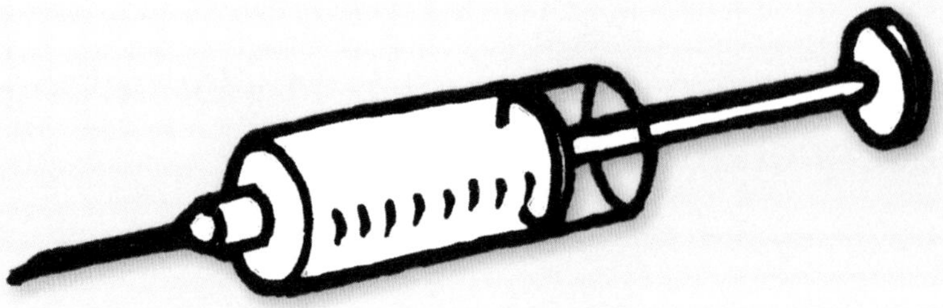

## Schreibe die Verben mit »pf« auf!

im
schim
hü
dam
klo
schlü
knü
tro
zu

pfen

→ impfen
→
→
→
→
→
→
→
→

Schreibe auswendig so viele Wörter wie möglich mit »Pf« und »pf« auf, wie du kannst! Male dazu bunt!

Pfanne

Ich habe ______ Wörter mit »Pf« und »pf« gefunden.

## Setze ein!

»ä / Ä« »äu« »eu / Eu« »v / V« »pf / Pf«

 Das sind ____________________ .

 Das sind ____________________ .

 Die Wild________________ fliegen in den Süden.

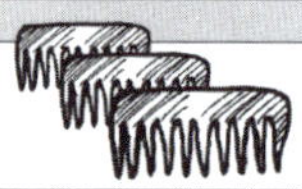 Das sind ____________________ .

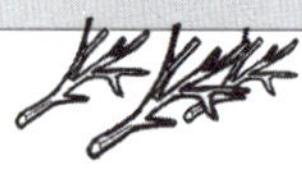 Das sind ____________________ .

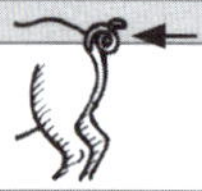 Ein Schwein hat ein Ringel______________chen.

 Das sind ____________________ .

 Das ist eine ________________ .

 Wenn es brennt, sehe ich ein ________________ .

 Das sind ___________________ .

 Das Gegenteil von Engel ist der _____________ .

 Das ist ein _________________ .

 Mein Papa ist mein __________________ .

 Ich spiele auf dem ___________________ .

 Ich blute und brauche ein _____________________ .

 Salz und ____________________

 Zum Kochen brauche ich einen ______________

 und eine ______________________ .